ra y docente en la Universidad del Magdalena, Santa Marta. Es Doctora en literatura latinoamericana de la Universidad Andina Simón Bolívar-Sede Ecuador, también tiene Maestría en literaturas colombiana y latinoamericana de la Universidad del Valle y en Lingüística española del Instituto Caro y Cuervo. Entre sus publicaciones más recientes se encuentran: *Hilos sueltos* (Ediciones Torremozas, 2014), *Este permanecer en la tierra* (Escarabajo Editorial y New York Poetry Press, 2020), *Cajas para seres libres* (Universidad del Tolima, 2023).

También ha publicado sus investigaciones en libros como: *Una generación emboscada. La emergencia de la poesía testimonial en Colombia* (Universidad del Magdalena, 2020).

Enseña lingüística en el pregrado en Antropología y Poéticas y narrativas en Licenciatura en Artes en la Universidad del Magdalena. Es profesora en algunos cursos de posgrado relacionados con la Poesía y la literatura latinoamericana.

Esta Jaula de Luz Enceguece

ANGÉLICA PATRICIA HOYOS GUZMÁN

Primera edición: abril 2024
©Derechos de edición reservados
Vadeletras editorial
www.vadeletraseditorial.com

Colección: Poesía
©ANGÉLICA PATRICIA GUZMÁN HOYOS

Edición: Vadeletras Editorial.
Diseño de portada: Vadeletras Editorial.
Producido por Vadeletras Editorial

ISBN: 9798323788736

Ninguna parte de esta publicación, puede ser reproducida; almacenada o transmitida en manera alguna y por ningún medio, ya sea electrónico, químico, mecánico, óptico, de grabación, en Internet o de fotocopia;
sin permiso previo del editor o del autor.
Todos los derechos reservados.
La infracción de los derechos mencionados puede ser constitutiva de delito contra la propiedad intelectual (Art.270 y siguientes del código penal). Diríjase a CEDRO (Centro Español de Derechos Reprográficos) Si necesita fotocopiar o escanear algún fragmento de esta obra.

Agradezco al linaje de mis ancestras y ancestros,
siete generaciones atrás, mis alas para ir hacia adelante.

El mejor tipo de poema de amor es generalmente
el que trata de una mujer abstracta.

Fernando Pessoa

Mi mundo imaginario fue siempre el único mundo
verdadero para mí. Nunca tuve amores tan reales,
tan llenos de vigor, de sangre y de vida como
los que tuve con figuras que yo mismo creé.

Bernardo Soares

AMAR LO QUE ES

Padre, tu amor son los dulces que me regalaste
para que dejara de fumarte.
También son las palomitas de maíz que vendías
en la calle para hacer dinero.
También es la ternura de hacerme reír para que no llorara,
tu amor es ese silencio que atravesó mis días a tu espera,
y el abrazo y el llanto ante nuestro reencuentro,
tu amor se hizo lejano para que me hiciera fuerte,
tu amor es la distancia entre nuestros abrazos eternos.
Tu amor son las palabras al vientre de mamá,
tu disfraz de príncipe salvador de la doncella,
y su rastro rasgado después de hacerte humano.
Tu amor es las lamentaciones de tu llanto
en la tormenta de perderme,
los cumpleaños que celebraste lejos de mí,
la semilla que pusiste ese febrero en mamá,
el nombre que me diste,
la libertad de un apellido sin pertenencia.
Tu amor es un mar callado
en el que aprendí a nadar.
A veces sólo viendo el horizonte
sabiéndote en la otra orilla,
segura de que allí estaba tu abrazo.
El permiso de ser yo,
sin parecerme por amor a ti.
La herida que se abrió y la cicatriz que nos emparenta.
La certeza de quien soy,
después de haberme dado la vida.
Eres el mejor hombre,
tu amor me inunda,
lo siento en mis pies empujándome cuando camino.

Tu amor es la fuerza que soporto,
por encima de rocas, desiertos y valles misteriosos.
Allí estás tú, diciendo basta,
cuando es momento de decirlo
con la claridad del sol por la mañana.

No fui un niño, me amaste así,
soy ahora una mujer libre de ser yo, con tu permiso.
Te veo en cada hombre que bendigo durante este día.
Eres tú y tu amor que guardo.
Soy yo, otra vida que viene de ser dos en ese uno,
que me tejió en el vientre de mamá.

MOVIMIENTO INTERRUMPIDO

Tengo los senos pequeños como mamá.
Senos de mujer recién nacida y olorosa
al espectro del deseo.
Carne de la carne que parí y de la que creció
la grasa y ADN,
alimento para mis cachorros humanos.
Senos salvajes al aire libre de sus antepasados.
Senos de mujer que fue y que ahora es otra que cree
en su suerte y en la inteligencia de la espalda erguida,
de los ojos que miran el alma de los hijos,
para conducir los pasos hacia ella,
para que no olviden: el primero y el segundo
y otro también,
despojados de arrogancia,
así como yo un día caminé hacia ella,
con sus brazos abiertos y su alma rasgada
también me recibió,
con todo lo que es, fue y sigue siendo.

La mejor mujer, la de los senos pequeños
y el amor inmenso en su pecho ensanchado
Hacia a mí, a la izquierda de todo lo que soy,
camino hacia la vida.

LOVE BOOMING

> *Se sale del amor*
> *como del cine.*
> **Cristina Peri Rossi**

Amaba las comedias románticas
las historias del hilo rojo,
las almas gemelas.
Así te cree y te manifesté.
Desde el primer día el pensamiento mágico
lo hizo posible.
Actuaste el papel protagónico
que te di:
El del caballero formal
ramo de flores grandes
cena a la luz de las estrellas
—la noche para dos—
Las mismas cajas que me inventé.
Pedazos de castillos en el aire,
mis cuentos de la infancia,
los héroes y príncipes que solo
existieron hasta mis quince años.
Como en el cine donde yo lloraba
y tu solo acudías revisando los guiones
de lo que seguía para nosotros.
Aquellos días felices solo volvieron después de las crisis.
El guion de la vida se lo llevaba
algo hacía que se acabara el encanto
era una mujer demasiado,
que me trajera de nuevo al príncipe.
Algunas veces volvió
para alimentar mis sueños,
yo evadía toda la realidad
porque el mundo era nuestro

cuando aparecía el personaje.
En algo fuiste trasparente:
se me hizo raro que tan rápido
me trataras de amor y de mi vida,
estuvieras allí todo el tiempo,
hasta el día que no quisiste
y hubo una explicación para ello,
pero fue mi error pedir
el alimento que ya estaba instaurado
en la cotidiana magia
de la pantalla.
Todo era un cuento
que yo misma escribía a diario,
una fantasía que cubría toda ausencia,
la de todos los hombres que amé
desde el primero hasta ti.

ALIMENTO

Te dejo aquí todo el amor
con el que hice tu máscara,
a imagen y semejanza de cómo te cree.
Me llevo la gran obra para mi espíritu
a imagen y semejanza de mamá y papá,
ahora soy el placer de este nacimiento.

RECETA PARA HÉROES Y VÍCTIMAS

Incluir a otras personas en la dinámica romántica
como villanas de una telenovela nocturna,
poner una palabra una idea en la mente,
hacer un silencio aterrador,
como el de un terremoto que se aproxima
cuando los árboles no se mueven.
Entregar los rastros,
dar las ambigüedades ciertas,
llenar de oxímoron el cuerpo,
inocular un virus,
acabar con el fuego,
y dejar la bruma en la cabeza.
Mostrar la verdadera cara
asomada en palabras que son ciertas,
no prometer nada,
no estar preparado,
decir sí a todo y recular,
todo en el amor es ficción.

DOS DE COPAS

Vi narcisos en el mar ofrendados a las Diosas.
Un par de amantes aferrados en un lazo de bruma.
Como el vicio de las olas,
incansables de morir en la playa.

SALVIA PARA LA ESPERANZA

La planta de Salvia floreció cuando te fuiste.
Soy testigo de su blancura y el lila en una mañana triste
en mi balcón. Ojalá la hubieras visto. Pero rechazaste el
verdor de las plantas, el florecimiento.
Tuve que arrancarla y con todo y raíces
la puse a secar bajo el sol caribeño del medio día.
La esperanza es agua caliente para el baño, el manojo
seco que quemo para ahuyentar lágrimas
en las paredes de mi casa.

OBSOLESCENCIA PROGRAMADA

Una bolsa llena de fotos y recuerdos
quedó de los vicios en los que me construí.
He sido la alfombra que recogió el polvo de tus ruinas,
para mi infortunio no puedo erradicar
los hologramas de la mente,
me basta con desecharlos
y saber que en presente ya no están.
Como el objeto que fui,
en la lista de las que antecedieron,
en la serie de las que siguen.

Te fumé,
buscando a mamá en el humo.
El regalo fue encontrarla a ella,
en medio de los escombros de lo que descartamos,
dejar de hacerme parte de una colección de trofeos,
asumir la vida como mi único y más caro regalo.

ESTAFAS

Una palabra bonita,
creer en hadas y duendes,
leer el tarot y no escuchar a las arcanas.
Creer en ti,
en lo mejor de la gente,
en la luz que van dejando
con el soborno del cielo.
Ver el lado positivo,
hacerme opaca
para aquel que juega a los translúcidos.
Creer en los recaudadores de impuestos.
Creer en la gente honrada que trabaja con la magia.
Todo es mío,
también el desfalco en el que quedó devaluado mi techo,
mi alma en pena.

CANCIONES DE AMOR HÉTERO

Es verosímil que fuera solo yo,
y las miles de mí con las que competí,
para que te vieras al espejo más grande,
para que engordaras tu fantasía de ser.
Te pregunté si sentías esas letras,
Buenos días, cómo estás; me respondiste.
Como la fórmula ritual
del buen vecino que nada sabe del otro,
cuando lo tropieza en el camino,
tenía que ser madura y no sentir los golpes.
Ni siquiera el dolor o el amor conocemos
al encontrarnos,
solo frases vaciadas de sentido,
el guion del teatro,
un te amo dicho como recompensa,
el premio de la banalidad.
Anulado como castigo
para las niñas malas que no se portan bien.

GESTÁLTICA

Caminé como una bruja ciega
hacia el pantano donde pude reconocer mi rostro.
Estabas tú, con un espejo,
imitabas cada gesto de amor y de odio hacia mí,
repetiste mis métodos y mis palabras,
detrás de ti el vacío,
mis manos recogiendo cada lágrima.

EL PAÍS DE NUNCA JAMÁS

Amar a un niño, ser una niña,
volar sobre lo amado,
imaginar lo que no fue
lo que nunca tuvo cómo ser.
Ese lugar entre los dos que nunca se hizo país.
Volver a mi madre, a mi anciana bruja.
A ti te dejo en el reino tirano de mis ilusiones,
ese donde siempre te quedaré en falta.

LO QUE BRILLA

Yo sentí el amor en mi sexo encadenándonos,
lo sentí en mi plexo solar resquebrajándose como espejos,
cuando me hablaste de las mujeres que penetraste.
En el tarot un matrimonio se enlaza juntando el sexo.
He tenido algunos matrimonios espirituales
el tuyo fue conmigo, como un narciso.
El diablo también encadena a sus hijos,
prometiendo la riqueza de lo sagrado,
que no es más que pirita por oro,
un ingrediente ilegítimo de la alquimia.

EN EL MAR

I

Naufraga aquel,
pretendiendo anidar en una isla,
la piedra lo funde
dónde lo lleven las corrientes.
A mí que soy río rumoroso,
me basta con saber que aquí muero,
no soy la misma siempre, por fortuna.
Renazco todas las veces que el agua salada me abraza.

II

Mis olas son a veces suaves,
traen sus vicios imperceptibles,
mis olas arrasan con embarcaciones
y luego miran el desastre
lloran sobre las olas derramadas.
Mi agua trae el miedo
de lo que habita bajo las montañas
donde la quietud ha dejado sus corrientes
más firmes.
Me adentro allí
y cada que me sumerjo
veo de cerca lo que me pesa
los ancestros me piden ser salvavidas,
les enciendo una vela de agua,
los sepulto en la misma agua donde nací,
camino sobre ella hacia adelante.

LA TERNURA

Niña buena, sé tierna, no reclames,
a los hombres los ahuyenta la terquedad.
De pronto consigues un anillo,
un amor bonito a quien darle todo lo que has destruido.
No a cualquiera se le entrega el mérito de ser libre,
mucho menos con aquellos que se acostumbran
a que seas menos.

Niña mala, se puta y no te quejes,
guarda para ti el sentir,
como si fueras el robot nuevo,
el juguete de aquel que finge amar.
Eres una niña feminista,
eres fuerte y debes sentir con moderación,
no eres víctima de nadie.

Las historias no tienen finales felices,
sé tú, toda completa, y acostúmbrate a ser tú,
por encima del odio hacia ti misma,
nada iguala la compasión y los cuidados
que tú te procuras,
nadie lame las heridas de la loba sino ella misma,
después de pelear con las hienas.

CADÁVERES

Juntos asesinamos mujeres por las calles de nuestro
destino.
No solo es la entraña viva de la crónica roja,
también hay series de emociones que se mueren
reprimiendo,
y la rabia de Baba Yagá, y las hijas de Medea
y Kali en la fase de la luna
nos lo dicen.
Aquí hay cadáveres en la entraña,
esta es la sangre de la alianza nueva y eterna,
derramada por todas nosotras,
para la soledad que nos espera
y el luto permanente de la desolación, amén.

REFUGIO Y EMBOSCADA

Cociné la cena como una ama de casa bien portada
para que sintieras el descanso después del trabajo,
aun cuando yo acababa también de tener un día duro.
Te di ideas para las fiestas de tus hijos,
hablé de los míos,
te compartí una noche con dos copas en la mano,
la energía de mi cuerpo amante recibiendo
tu decisión de estar.
Sentí posible ir decorando los ladrillos
y armar la casa con la fuerza de mis dos brazos,
a la medida de lo posible para los dos.
Quise ser guarida donde poder ser yo,
libre de mis rebeliones y tormentas.
Aun así, los muros y las grietas me cegaron.
Mi conversación y mi deseo para después,
como se hace con las niñas molestas,
la arrogancia de tus gestos,
los enojos, los castigos de silencio.
Al parecer eso merecemos las mujeres
cuando sometemos el mundo
a quien no pisa con cuidado nuestras casas,
piden refugiarse, pero no pueden ser refugio.
Pareciera obligación atávica
esa a la que aún no me acostumbro.
Colgar mis títulos, editar el viejo libro de mis palabras,
pedir respeto y dignidad
a quien poco esfuerzo tiene en sus privilegios.
Es mi elección,
quise todo el tiempo dejarme ser misógina
fracasé en el intento de odiarme,

a lo mejor me cueste la soledad,
prefiero ser libre de palabras y demonios;
quiero mi libertad, mi amor humano, dijo Lorca.

TERAPIA DE CHOQUE

Tú mi fantasía de amor, odio,
yo mi gran terapeuta,
espero poder curarme de ti en unos meses.
Me receto entrar en mí, sentir,
como un ser humano,
porque me amé a mí a través de ti,
ya no puedo estar en mi contra para odiarme.

LO QUE SE REPITE

En presente me veo en los mismos días de enero de hace un año y de hace tres. Al conocerte fueron distintos los comienzos de año; la ilusión que cree de que el hombre perfecto se había acercado a mí, era yo misma. Hoy parece hace un año e incluso repito los mismos rituales de empezar a hacer ejercicio, de tener el propósito, de hacerme una vida mejor. El año en que viví fue el año en que me arrojé a mi cuerpo sintiéndote entrar a mi vida, abriéndote el camino para vivir lo nuevo. Se repiten las lecciones, dicen los budistas, hasta que aprendamos a actuar de forma diferente. El destino, como el amor, es nuestro.

MECÁNICA DEL CORAZÓN

Mi carro sigue adoleciendo de un mal indescifrable
le han cambiado las bobinas,
le han hecho mantenimiento a los inyectores,
sale la gasolina y sangra.
Sigue golpeando y haciendo ese ruido de pulmón
destrozado por la gripa.
Las únicas veces que se activa es cuando Dios entra
y se posa allí como un misterio que limpia.
O cuando siente tu aroma cerquita, por adicción.
Esa que ya no me permite darte señales de vida.
Está infectado mi motor de tristeza y sé que algún pistón
con una herida anciana se hará visible para repararlo y andar en él, como quien anda sobre ruedas con un cuerpo
golpeado al que le entra aire nuevo.
Debo renunciar a la adicción del descuido,
consentir el carro y darle amor al cuerpo,
sostener la materia con la que me habito sin ti,
y menos mal,
porque este mal de amores
ya no cabe en las extremidades.
El mecánico ha hecho bien por fin su trabajo
y el costo ha sido el necesario para no descuidarlo más.
He recuperado mi amor
la valentía para cruzar las curvas al conducir mi vida.

HOY SOY

Hay gente que no tiene tiempo para amar
en cambio, tiene toda la vida para joder,
me hago responsable de cerrar la puerta.
Hoy soy también todos los hombres que golpean
y aquellos que tiran la piedra en el paredón,
esconden el brazo,
con sus manos suaves.

ESPEJOS

Que me digan mil veces que atraigo al atracador
si quieren, y que bajo esa idea yo perdone,
porque es humano perdonar,
no les creo más.
Tantas veces morí en manos de él,
tantos golpes y puñales como estacas,
como rayo de luz que iluminaron mi alma,
la llenaron de esta negrura insurgente.
Qué más quieren de mí estos demonios Baba Yagá,
qué más puedo ofrecer sino esta ruina que soy,
que se derrumba para que yo rearme
cada vez que la luna dobla su cara,
como Sísifo incansable.
Porque me despojé del vicio de estropearme
a beneficio de otros.
Volví a ser yo, después de todo,
de esa manera que solo tú me conoces,
yo soy para mis días,
para sobrevivir a pesar de todas mis muertes.
Aquí estoy Baba Yagá,
úngeme con tu fuego,
no me dejes caer en la tentación de ser buena niña.
Piérdame yo de posar para el bien de otros,
de no darme el gusto de ser yo misma
reclamando mi reino.

INTENTO DE HOOVERING N° 500

Desperté radiante y soleada,
bastó dormir la siesta para recibir la luz
que oscurece el día,
esta vez te vi vacío,
abajo y lejos del pedestal donde te puse,
mi querido príncipe encantador.
Soy la heroína en mi cuento de hadas.

LIBERAR EL LINAJE

Mis ancestros me están animando
mientras rompo el patrón,
libero a mis mujeres.
Dios me ha mirado con ojos compasivos,
Baba Yagá me ha dado la fuerza para sobrevivir.

PAPÁ

Papá no quieres que me traten mal.
Papá tu amas a tu niña, eres tierno,
le enseñas el deber ser.
Papá tuve miedo de que te fueras para siempre y te fuiste.
Me quedó tu silencio aun cuando estás despierto,
tu silencio eterno de hombre ausente.
Papá tengo rabia ahora,
esa rabia tuya cuando debiste protegerme,
y no estabas.
Entonces también guardé silencio,
como el mar con los narcisos.
Y aquí estoy con ganas de estallar
como volcán que busca la vida,
que te busca dentro mío,
cuando me enseñaste a callar para amarte,
yo ya no quiero, no soy más esa,
agradezco tu amor, pero prefiero hablar
y que se escuche la voz de Babá Yaga
esta voz mía que es la de ser mujer,
mamá te eligió como mi padre,
yo aprendí y ella es la grande,
yo soy la pequeña.

MENOS QUE NADIE

¿Quién necesita que le prometan el cielo
con flores bajo el infierno de mentiras?
Ah sí, la de menos, menos que tú, por tu derecho divino,
menos que todas las mujeres que te rinden obediencia,
menos que aquellas que adoran tu falo como un premio.
Menos nadie que yo que soy una mujer amante,
llena de magia en mis esquinas,
aborreciste y despreciaste cada intento de mí,
mientras tu voz decía lo contrario,
todavía me hablas condescendiente,
con pose de buen amigo.
Pobrecita ella que sufre por amor,
yo quedo bien abrazándola
aunque no llore, llorará.
Lo supe y no me escuché desde el primer día.
Decidí creerte,
me pasó a mí
que era difícil convencerme de creer.
Decidí creerme, crearte,
a imagen y semejanza del padre,
y no eres sino otro como yo, menos que nadie,
porque de mí te hice y te deshice,
como una madre que arroja a sus hijos
a casa de Baba Yagá.

LA BALANZA

Mis libros, mis versos, mis besos, mis cartas,
todo lo bueno de mí que quise verte,
justicia haberme ido después del beso,
la terapia en la que me pusiste a hacer de madre.
Justicia es el amor que perdí, por mí, para mí
y que ahora reclamo.
Justicia todos los fragmentos de mi alma,
la luz de los arcángeles que me llenan de lo que te di.
Justicia saber por Swedenborg sobre todos los que son
como tú y como yo,
reconocerlos y fundirme en los espejos, comprender que
esto que tú me das también soy yo cuando me miro.

ALAS DE CÓNDOR

Detrás de mí.
A mi derecha está el padre, a mi izquierda la madre
y estoy yo como cristo en el centro de mi corazón.
Solo el amor es cierto,
este Yam que Baba Yagá puso en medio
para encender la hoguera,
solo cuando la abrazo abre mi pecho,
puedo ver cómo mi vida se despliega en su vuelo.
Gracias padre, gracias madre, gracias Baba Yagá.

UNUNS MUNDUS SINCRONICIDAD

Desamantes.

Se evitan,
se presienten,
se repelen,
se asfixian de palabras no dichas,
juegan a dejarse ir,
juegan a largarse,
se alejan,
se olvidan,
y no saben amar.
Se perdonan por no saber amar.

ME IMPORTA POCO SI TENGO LOS SENOS PEQUEÑOS

Si tengo la nariz de mulata,
o las piernas peludas como futbolista,
doy una importancia igual a cero
a si tengo títulos de doctora, de magíster,
a cuánto hay en mi cuenta bancaria.
Soy responsable de quién soy,
me valido y en esto soy irreductible.

Soy aquella que decide hacer lo que quiere,
se hace adulta responsable de sí misma.
No soy lo que dices que soy,
no valgo como un trofeo a tu villanía macabra,
que es la mía cuando quiero convencerte.
Soy mía, me pertenezco, me digo y me desdigo,
a mi imagen y semejanza.

Soy incluso la que torpemente
te entregó la nobleza que vio en tu alma,
soy la verduga de un linaje de vengadoras.
Soy aquella en el reflejo, la buscadora de palabras,
he sido la soberbia de silencios,
escucho los cantos de sirena,
para nadar en este mar con mi propio camino.

AUTORRETRATO DE MUJER MILENIAL

He sido una mujer indómita.
Entre mis éxitos cuento dos divorcios y dos hijos.
La demás información sobre el amor está inclasificada,
no hay datos de otros municipios, ni en iglesias,
ni notarías.
Un par de trabajos bien remunerados
a los que renuncié persiguiendo utopías,
creyendo que uno hace lo que quiere
y que los sueños se crean y se cumplen.
La savia de una raíz antigua
me pide cada tanto
romper con las urdimbres
y los asfaltos pesados.
Me levando amando la vida.
Un día al mes pago las cuentas
me quedo en ceros
todo vuelve a comenzar
como la piedra de Sísifo.
Me empeño para el disfrute
solo patrocino los caprichos de mis hijos,
me salgo cara como novia eterna.
Me casé con el impuesto y el interés
del crédito del banco, como dice el plan
que hacen los buenos ciudadanos.
Educo al niño para que lave los platos
donde toma sus alimentos,
que sea aquel hombre que recoge su ropa,
amo con todo mi pecho
su abrazo cuando llega del colegio.
En la savia sigue creciendo el deseo de vivir de la poesía.

Levantarme cada mañana
recibiendo en mi cama el aroma de los romeros plantados,
amar también a un perro loco y adoptado
que sea fiel a mis pasos mientras hago el desayuno.
En la tierra se revela día a día este árbol fecundo.
Abro mis ojos,
abro la puerta del balconcito en este dúplex de muñeca,
soy leal a la servidumbre del banco,
tejo la libertad de mi cadena cada día,
me regocijo en los cursos
a los que voy a enseñar,
hablo de los libros que leí
de aquellos que aún no tengo tiempo de ojear,
me lleno del brillo en los ojos
de algún desprevenido con cara de haber
descubierto un susurro más allá de mis palabras,
algo que les dice con mi sonrisa,
esta es mi rebelión,
con eso basta... por ahora.

HOPONOPONO

Pobre de aquel cuyo corazón no permite traspasar la luz,
así estaba yo, deshumanizada,
desaprobándome en la mirada de otro a quien no quiero ya mirar,
porque cada vez que miro me vuelvo estatua de sal.
Pobre de aquel que no puede amar,
todo lo que de mí salió quedó en el aire
apenas para abrir mi corazón y enseñarme a perdonar,
enseñarme la compasión de estas alas que se abrieron a dar amor,
aunque el otro no ame, yo amo,
y me escucho ahora con un silencio nuevo,
con las palabras para ir hacia adelante,
nada perdono porque soy igual a vos,
nada soy y tengo en mí todos los sueños del mundo,
dijo Pessoa.

DULCE COMPAÑÍA

Amo mi cuerpo desnudo tendido sobre la cama
limpia y recién ordenada.
Amo el frío que toca mi piel y mi cintura delgada
entre las telas.
Sostengo el aire y el palpitar de mi vientre
reclamante de virilidad.
Amo portar de nuevo mi anillo favorito y haberlo ganado
como quien se sacia a sí misma la seguridad en su palabra.
Amo el intercambio y la promesa con mi piel que pronto
empieza a estirarse, de que haré el ritual nocturno
de acariciarla.
Soy mi propio terreno de nostalgias y visiones.
Nada se compara a esta sabana limpia un viernes
en soledad después de haber batallado como un hombre
frente a otros reos del mismo ejército de la gula bélica.
Soy una mujer en una cama, satisfecha, plácida y gatuna,
con el brillo en los ojos de quien se despide de
necesidades y se despoja de seguir pidiendo fotos
que no llegan.
Amo este silencio de todo lo de afuera que ya no me
pertenece, no me desvive por pertenecer a más espacio
que a mi cuerpo enraizado en esta cama.
Amo mi piel derramada sobre mis propios huesos
y esta porosa avenida de los años que me deja cada vez
más acompañada de mí, y de las huellas de guerreros
de otras eras, en mis montañas.

MEDIANERAS

Ya vacías,
se fueron las pistas de lo que dice el mundo
y mi interior ha quedado silente.
Me siento opaca,
pequeña,
frente al testigo de la ausencia.
Que me abraza en la calle
metálico y callado,
como tu beso que no regresa.
Así es este es el vínculo perpetuo,
de morir cada día con tu ausencia.

La luz del sol de la tarde
me trae el recuerdo de otros días,
en que fingimos la felicidad.
Como ese letrero que descarta,
solo queda la ruina embalsamada.
De una historia que no fue,
sigue siendo holograma.
Sola pero lleno de este veneno
que es el amor inventado;
aunque cada vez que hablo digas que no soy esto,
dirijas el concierto de lo que me atrapa,
la telaraña que mata para comida de Aracne.
Gracias por borrar de mis calles
la voz que ya no te nombra.

VÍNCULO TRAUMÁTICO

No pido revivir lo que murió,
solo que termine de morir
y que este dolor se vuelva una golondrina
en medio de un bosque
que ambos observamos a lo lejos de nuestros días.

REY SOL

Te conozco Dios,
te gusta saltar con rayos de amarillo desde tu corona,
dudas de todo cuánto eres y no sueñas con ser marinero
                                          frente al espejo.
Sufres por estrés, por amor, o por la angustia
                     de quienes están hartos de la guerra.
También te gusta la gente tranquila y predecible
                y eres ese hombre que se viste de hojalata
                con un corazón derramado en melancolía.
Sabes de irrealidad
                te despojas de vestidos cuando duermes,
esa corona reluce después de haber entrado
a tu oscuridad.
Te conozco bien,
fantaseas de vez en cuando conmigo sobre tus piernas.
Te conozco y está bien: a veces no puedes con todo lo
que cargas.
Y en las mañanas abres tu corazón como una flor de
ahuyama.
Deja de flagelarte Dios,
deja ya de repetir la escena del sacrificio
date abrazos,
Reconcíliate y escucha
tu canto de barranquero alegre de madrugada.
Llénate de colores los plumajes.
Germina.
Penetra la tierra
                con la sensualidad de tus pasos,
            permite a la hembra florecer en ti.
Mírate en mis ojos
con el brillo de esta luz lunar.
Nada te falta Dios, eres perfecto,

con tu suave rumor de mar,
con la sólida mirada de los que se equivocan
con el caparazón abierto de quienes aman.
Te conozco Dios,
eres todas las fotos del cielo
y la mirada de los microscopios
de las células en mis manos mientras escribo.
Te conozco y te sé con estos huesos que se parten,
con la sangre que brota alegre dentro de mí
cuando te veo.
Eres tú mismo en este libro del mundo
en que nos escribimos juntos,
en esta parte donde nos dedicamos
a sentirlo todo
mientras la fuerza del tiempo nos hace uno solo.
Te conozco bien,
te dejo en este poema para que vueles libre
sobre el cielo recién parido.

BRAZADAS

I

Me gusta la lluvia porque en ella me escucho caer serena
o altiva sobre el piso.

Aprendí a flotar con mis pulmones y en gratitud sobre el
agua y el brillo del sol, bajo el azul límpido
que transparenta los cuerpos, no veo mi sombra.
El busco a bocanadas cuando saco la cabeza y a sorbos
engullo un aire nuevo.
Suelto adentro y la sigo buscando en las baldosas,
entre las vetas blancas.
Se ha ido, ya no es la ceguera de la infancia.
Es que está en mis brazos fuertes, encarnada.
Sostiene el peso de los días, la liviandad que avanza lenta
en cada movimiento.
Esa es la libertad, y el renacer después de haber caído
como tantas gotas en el asfalto, también cae el sol, en
círculos que se esfuman y lo abarcan todo... Atardece.

II

El encuentro.
Bajo el agua me reconocí, era al fin lo que buscaba afuera.
Una mancha en el azul bordeada por grietas de luz como
enormes alas y una corona de fuego que salía desde el
centro de lo oscuro.
Después de mucho observar el espejo y no ver lo que
ocultaba apareció desbordando toda ausencia y aquí me
muevo ahora, con mis alas de fuego y agua, respiro.

AGUANTA CORAZÓN

Aunque el viento sople en contra
tú sostienes mi vuelo.
Aunque las mareas sean turbulentas
tú llenas mi sombra de las grietas de luz.
Aunque no veas el camino en frente
la tierra donde están enterrados tus muertos te empuja.
Aunque toda arda a tu alrededor
tú eres la llama que ordena el incendio
de todos los nuevos días.

Abrázame alma mía, lléname de tu grandeza.
Ante la nada que es mi cuerpo en el vacío de existir.
Me lleno de ti y soy tan fuerte,
como el río que busca su cauce
como el soplo de un aleteo
como el rayo que cae sobre las hojas de los árboles
como la noche que llega para saciar el silencio
del que nace de nuevo desde
su más profunda gestación.

AQUÍ Y AHORA

Aquí y ahora tú y yo no tenemos presente.
Eres holograma de lo que fue y pudo ser
pero hoy no estás.
No tengo el calor de tu mano entre la mía,
ni tu sexo vigoroso entre mis piernas
ni siquiera los te amo que dejaste de decir
porque el amor era motivo si y solo si
yo me comportaba bien,
de lo contrario esa palabra era impronunciable.
Y yo, que nunca he sido bien portada,
tengo ahora un eco un *film in the gap*
en la página de un álbum que rompí.
Aquí y ahora, rasgo cada imagen
la curo con lágrimas que se llevan cada holograma.
Aquí y ahora tengo mis piernas enraizadas
un poco de avena para el desayuno
La cintura que me acaricio
y estas ganas de matar la tristeza
a punta de compasión y de abrazos conmigo.

ANESTESIA

¿Para qué sentirlo todo?
Me dijiste.
Te tengo noticias:
Los seres humanos hacemos eso,
sentimos todo,
vivimos.
Mi padre y mi madre,
mis dos alas,
me parieron para vivir.

JEZABEL

Te declaro fuera de mi mundo.
Te declaro vencida por cuánto te veo como parte de mí,
ahora te reconozco y ya no tienes más poder,
he liberado mis manos de tus cadenas,
eres tú, la reina que trae apagada la frente,
aquella que no puede sentir,
me atrajiste con tu canto de sirena
porque sabías que todavía tenías
un lugar en mis heridas.
Ahora que te veo se han unido mis carnes
y la cicatriz ha cerrado del todo,
duele y pica para recordarte
pero ya no sirve tu canto predecible en esta mente,
aprendí de memoria tu guion de cautivadora,
tus trampas y cárceles ya no son para mí,
ni perdón ni agradecimiento,
te destierro.
Soy hija de Baba Yaga,
tomo la fuerza de mamá para reconocerte
voy hacia adelante, donde está la vida.

ROJO Y AZUL

Mamá es el mar infinito, abundante,
es también el frío de corrientes subterráneas
donde navegan las sirenas,
esa de la niña de la canción que se llevaba al marinero
para que muriera por ella.
Sabe mamá que ya te veo,
que ya no eres un mar de lágrimas
sino de todas las posibilidades y el valor,
ahora soy un delfín
un alcatraz que te mira,
se alimenta y continúa
su trayectoria en vuelo,
y cuando voy a las sirenas canto
y dejo perecer allí a los muertos,
les doy gracias y regreso a la tierra,
a vivir sabiendo que soy sirena
pero también humana
que respira y ave que surca el aire.

Papá es el volcán, el estallido,
es la rabia de los excluidos,
también el calor, la velita que enciendo
para cuando hay miedo y vienen las sombras
a visitar mi cama.
Papá es todo adentro para dar,
mamá es la vida que me transforma.
Este es mi corazón y mi única bandera,
mi lugar es ser la primera hija
y por derecho la vida me corresponde.

CANTO CONTRA LA MUERTE

Tenemos una canción compartida.
Hanan Awwad canta todo el día
y las oraciones se cruzan
con la honra que le hago a mi madre y a mi padre.
Algunos llevamos ese rastro de lo sagrado,
un círculo de ondas sonoras para protegernos del vacío.
Adentro la música, el diálogo armónico se llena,
transforma.
Ana Canta, el ruego del amor
se extiende un poco más cerca cuando la escucho.
Me escucho y ambas cantamos
cada una con su música, la orquesta de los árboles
en la plaza caraqueña de Simón Bolívar
en compas con el humo del cigarrillo que compartimos.
Es francés, querida, dice cantando.
Ana Canta y yo me escucho.

ARQUETIPOS DE LAS DIOSAS

He dejado de ser una parte de Hera.
De comportarme como Demeter,
floreciendo entre los hombres que siembro
entre mis piernas.
Dicen de las nuevas Ateneas que dejaron
también de llorar.
Mujeres del nuevo mundo con mitos viejos
caminamos con las nuevas jaulas:
estar buena para el ojo de nosotras,
del hombre y de los que desean diferente,
que son más bellos que lo bello y que nosotras.
Trabajar de 8 a 8 y dejar tiempo
para la maternidad y el amor propio.
Llevar a los niños a la piscina y al fútbol,
mendigar dos horitas de buenos orgasmos,
al amante de turno porque también está ocupado
haciendo dinero, aunque ya no sea tu proveedor.

Esta jaula de luz enceguece
y yo solo quiero llorar en mi cama después del sexo.
Acurrucar a un hombre conmigo entre las piernas,
sacar la rabia de mis ancestras y erguir el placer de la vida.
Derribar toda la historia de mis ficciones,
empezar en silencio a hacer mi casa.
Tener los poderes y la magia que haga de mi alma libre,
alguien que me ame más que yo, no existe,
por eso dejo ahora de ser una nueva vieja atenea.
Abro mi corazón a ser quien soy
sin tantas mujeres imaginarias a quien imitar.

VOTOS Y ACUERDOS

Yo te acepto tal y como eres
porque me acepto tal y como soy.
Yo acepto con respeto y humildad tu sistema.
Yo me comprometo en amarte así a darme así
a recibirte así,
porque lo único que deseo es amarte.
Deseo cuidarme y cuidarte,
abrir mi corazón y sostenerme a lo que siento por ti.
Yo acepto seguir mi sanación y acompañarte a que sigas
la tuya sin interferir.
Yo me pongo primera decidiendo amarte aún en los días
en que quiera alejarme.
Yo acepto tu amor acepto todo lo que viene contigo.
Yo puedo estar y aceptar también sola,
pero quiero aceptarte a vos.
Yo acepto tu luz y tus sombras.
Yo acepto tu serenidad y tu silencio.
Yo acepto tu persona con todos sus aciertos y sus errores.
Y deseo que este sea el propósito
y compromiso conmigo.
Que en lo posible y hasta que la vida quiera
no nos soltemos.
Porque quiero que estés en mi abrazo,
siendo libre de ser tú y de irte.
Quiero ver tu sonrisa y tu luz cada vez que pueda.
Quiero saber que existes feliz de ser tú, con tu brillo.
Quiero abrirme a ti como una flor en medio de un
planeta solitario.
En tu libertad, en tu ser, respeto y acepto quien eres.

MAGDALENA CARMEN FRIDA KHALO

Si yo fuera Frida sería más fácil aceptar.
Pudiera yo ponerme el *corcet* y amputarme la pierna derecha,
mirarme como el diez de espadas
y recibir todas las agujas
que el miedo drena en mi sangre.
A gusto, como las mujeres de mi linaje ya no lo quieren.
Pero hasta ellas.
Mi madre me lo ha dicho desde los quince años:
no salgas con ese muchacho
es una jaula.
Es una cárcel de dolor.
Y ahí iba yo pensando que era mejor mujer que mamá,
que era mejor que Frida y que Elena Garro
y que todas mis ancestras que ya lo vivieron.
Por el bien de nuestro vientre renuncio a superarlas.
La mejor mujer es mi madre.
La que vivió las espadas en su cuerpo.
La que se puso el *corcet* y amó al hombre
hasta entregar su pierna derecha en sacrificio,
la que se deja patear una calle de madrugada después de la fiesta.
Yo no soy alguna de ellas,
en el camino de saberme sin espadas
escucho las contradicciones de mi corazón y mi mente,
he recibido sus mensajes de otros tiempos,
y la soberbia los ha encriptado.
Yo soy esta que quiere saber quién es
sin las espadas de la mente
sin el miedo a amar.

ATALAYAS

Fuimos numerosos quienes después de los
cuentos de hadas
bebimos de la fuente de toda fuente
y allí nos dieron las trompetas
para avisar a los otros la guerra espiritual,
esa que no se ganaba leyendo el tarot,
sino poniendo lo oscuro al sol.
Nos dieron una visión más allá de todo reino
nos dieron las palabras para dar aviso,
nos pusieron un escudo invisible,
y un faro en nuestras coronillas,
nos hicieron comprender a Baba Yagá,
y aquel necesario acompañante de la sombra de cada uno,
para sacar a Jezabel y hacerla visible caminante
entre los confines.
Empezamos a notar en los sueños la presencia
de lo disonante,
y hasta nosotros dudamos de lo que veíamos
pero se hizo más fuerte el llamado en el corazón,
el fuego se hizo más grande cuando nos reonocimos,
todo quedó develado
y el amor se hizo lo más prístino,
lo más brillante entre mujeres y hombres,
y dimos las buenas nuevas,
como profetas después del apocalipsis.
Así supimos
que las jaulas se abren con nuestras propias sombras.

LA ERA ESTÁ PARIENDO UNA MUJER

He aquí el final de la historia inventada,
no soy las mujeres que me cargué en el corazón,
no soy mis ancestras y en ese no está el sí
que me dejaron.
Hoy tengo la magia de un cinturón de orión que florece
en mi ombligo
tengo en mis manos la unción de la que libera,
la redención del maestro en la cruz que borra
mis culpas ajenas.
Tengo un corazón nuevo para amar,
uno lleno de costras y cicatrices dónde dice
que hubo amor,
reconozco mis ficciones y las acaricio,
reconozco a la niña que lloraba sola bajo las escaleras,
a la niña que recogió las flores para sus tías,
a la adolescente que destruyó los regalos,
yo soy valor porque he amado con valor,
yo soy amor y nada debo ya para amar.
Reconozco a Dios en mí,
a mi padre negro, a mi madre blanca,
las alas de la mariposa que con el viento
se llevan los malos pensamientos,
la fragilidad y el miedo de vivir,
reconozco la cara de la muerte y el pánico
para aferrar mis raíces hacia mi destino.
A la izquierda mi madre y todo el linaje que me bendice,
a la derecha mi padre y la fuerza de su luz en mi *anahata,*
amo con el vientre y con el pecho,
confío en el camino y en el verso que se hace al andar,
amo con la adulta enfrente,
cuidadosa y amorosa con mi ser.

Amo con la anciana de la libertad que me protege,
con sus contradicciones de amante y andariega,
amo aferrada a mis cantos de pájaras de luz.
Después del cine se sale para curar las guerras,
para buscar el lenguaje en el silencio,
nombrar a la nueva mujer en el tapiz finísimo
de su propia historia.

Dejé de odiar en nombre del amor,
dejé de traicionar y de desconocerte
porque te hice de mi propia costilla,
te vi emerger del barro,
con el aliento que te di,
te encontré entre mi pecho y te acuné,
tú por ti, yo por mí,
ahora somos cada cual su propia elección,
su propio destino y felicidad armándose,
ladrillo a ladrillo,
en una orilla de agua,
debajo de la cual caminamos,
con la misericordia del que nunca se ahoga,
es hora de crear la historia verdadera,
esa que nos une, en el todo lo posible,
con lágrimas dulces dónde nace el río de cada uno.

DESPERTAR

Hoy desperté anciana,
por un momento sentí el peso de mi cuerpo más ligero.
Ya no importaban las grandes hazañas,
ni la fuerza de la juventud,
ni la soberbia del que sobresale y compite.
Era yo y mi cuerpo vivo
agradeciendo cada respiración,
agradeciendo la dicha de abrir el brillo en los ojos.
Eran mis rodillas adoloridas y más fuertes,
mis pies cansados de andar el alma,
mi espalda con su ligera curvatura,
esa debilidad humana del aliento sereno.
Es curioso que tanta fuerza ida me trajo la calma,
renuncié a las guerras propias y ajenas y sonreí.
Desperté anciana y dejé de ser mi cuerpo,
agradecí el regalo del día, el sol naciente,
ese momento cae efímero
ya no importaba el peso de otros días
la rapidez y la ceguera
el tiempo ya no pasa,
la vida es hoy y es eterna.
Mi anciana sonríe y está todo bien,
mi niña guarece en su lado más humano,
mi adulta aprendió a ver las grietas
y agradeció las sombras de casa de Baba Yagá,
hoy es el momento donde soy,
aquí manda la luz,
con sus sombras más humanas.

ÍNDICE

AMAR LO QUE ES 9
MOVIMIENTO INTERRUMPIDO 11
LOVE BOOMBING 12
ALIMENTO 14
RECETA PARA HÉROES Y VÍCTIMAS 15
DOS DE COPAS 16
SALVIA PARA LA ESPERANZA 17
OBSOLESCENCIA PROGRAMADA 18
ESTAFAS 19
CANCIONES DE AMOR HÉTERO 20
GESTÁLTICA 21
EL PAÍS DE NUNCA JAMÁS 22
LO QUE BRILLA 23
EN EL MAR 24
LA TERNURA 25
CADÁVERES 26
REFUGIO Y EMBOSCADA 27
TERAPIA DE CHOQUE 29
LO QUE SE REPITE 30
MECÁNICA DEL CORAZÓN 31
HOY SOY 32
ESPEJOS 33
INTENTO DE HOOVERING N° 500 34
LIBERAR EL LINAJE 35
PAPÁ 36
MENOS QUE NADIE 37
LA BALANZA 38
ALAS DE CÓNDOR 39
UNUNS MUNDUS SINCRONICIDAD 40
ME IMPORTA POCO SI TENGO LOS SENOS PEQUEÑOS 41
AUTORRETRATO DE MUJER MILENIAL 42
HOPONOPONO 44
DULCE COMPAÑÍA 45
MEDIANERAS 46
VÍNCULO TRAUMÁTICO 47
REY SOL 48
BRAZADAS 50
AGUANTA CORAZÓN 51

AQUÍ Y AHORA	52
ANESTESIA	53
JEZABEL	54
ROJO Y AZUL	55
CANTO CONTRA LA MUERTE	56
ARQUETIPOS DE LAS DIOSAS	57
VOTOS Y ACUERDOS	58
MAGDALENA CARMEN FRIDA KHALO	59
ATALAYAS	60
LA ERA ESTÁ PARIENDO UNA MUJER	61
DESPERTAR	63

Made in the USA
Columbia, SC
26 June 2024